満月珈琲店のレシピ帖

桜田千尋◎著

主婦の友社

こんばんは
満月珈琲店へようこそ

当店では今夜も月や星にちなんだ
メニューをお客様にお作りしています。
そうだ
キッチンの中を
少しだけのぞいて
いきませんか？

どれも少しずつていねいに
こつこつ開発した
わたしの自慢のレシピたちです。

おいしく作るコツは
食べてほしい人の顔や
願いごとを込めて作ること。
それだけです。
気に入ったレシピが
あったら試して
みてくださいね。
……でも他の人には
内緒ですよ？

満月珈琲店
レシピメニュー

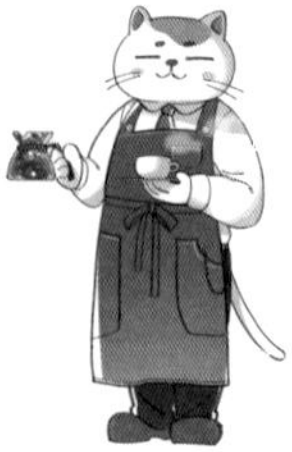

Sweets

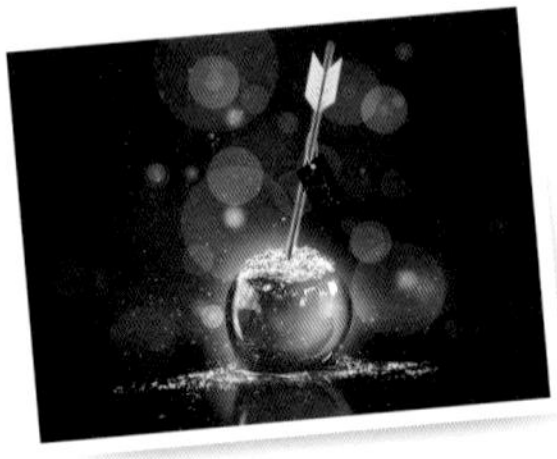

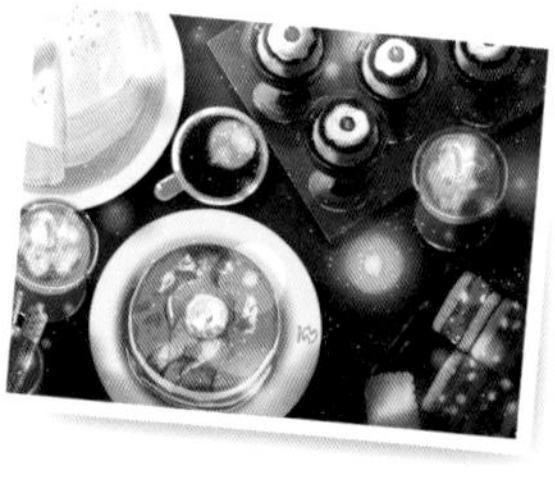

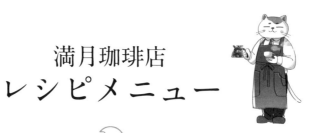

Drink

Food

満月珈琲店のレシピについて

特殊な材料について

満月珈琲店のメニューの特徴である星空や夜空、
星のきらめきを表現するのに欠かせないアイテムをご紹介します。

① 食用竹炭パウダー

竹炭を細かく粉砕し、加工した粉末。
ミネラルも豊富で、キレイな黒色を表現する。

② バタフライピー

マメ科の植物を使用したハーブティー。
天然素材で美しい青色が抽出できる。

③ 桜あん

白あんに桜の花や桜葉の塩漬けを混ぜて作った、
桜風味のあんこ。淡い桜色。

④ 桜の塩漬け

桜の花を塩漬けにして保存することで、
一年中桜の風味を楽しめる。塩抜きをして使用する。

⑤ 食用色素(リキッド・ジェルタイプ)

液体タイプの食紅。つまようじなどで
微量ずつ加えて、色みを調整していく。

⑥ 金箔・銀箔

金や銀を叩くことで薄く伸ばし、箔状にしたもの。

⑦ アラザン

砂糖とコーンスターチでできており、
銀色やゴールドなどさまざまなカラーがある。

⑧ 銀箔シュガー

グラニュー糖に銀箔を混ぜ込み、
よりきらめきをプラスしたもの。

本書のレシピの注意点

- 表記は大さじ1＝15mℓ、小さじ1＝5mℓ、1カップ200mℓです。
- レシピには目安となる分量や調理時間を記載していますが、
  食材や調理時間によって差があるため、様子を見ながらご調整ください。
- 電子レンジの加熱時間は500Wのものを使用した場合の目安です。
- 特に表記がない場合は、火力は中火です。
- 「ひとつまみ」は親指、人差し指、中指の3本の先でつまむくらいの分量です。
- オーブンを使用する場合は、あらかじめ予熱をしておいてください。
- 焼き時間は目安です。焼き色や焼き上がりを確認しながらご調整ください。
- 特に表記のない場合は、材料は室温に戻してから使用してください。
- 飲み物は、分量をわかりやすくするためグラム表記をしている場合があります。

MANGETSU COFFEE

Presented by SAKURADAKitchen.

STARDUST BLEND

Recipe

Sweets

当店の人気デザート。心安らぐ甘さを、ぜひお家でも堪能してください。

満月 珈琲店

満月珈琲店

シリウスのレアチーズケーキ

おおいぬ座の一等星、シリウスをモチーフとしたブルーベリーのレアチーズケーキを作りました。
全天で最も明るい星の味、とくとお楽しみください。

シリウスのレアチーズケーキ……………………550円

ていねいに
ていねいに
混ぜ合わせた

濃厚なレアチーズケーキは
いかがですか？

下には星くずを砕いて
たっぷり敷き詰めましょう。

最後に
シリウスを添えれば

夜空に輝くごほうびケーキの
できあがりです。

シリウスのレアチーズケーキ

材料

直径15cm丸型1個分(底が外れるものを使用)

【チーズケーキ】

クリームチーズ……200g
グラニュー糖……25g
生クリーム(乳脂肪35～36%)……50mℓ(常温)
粉ゼラチン……4g
水……50mℓ

【A】

生クリーム(乳脂肪35～36%)……150mℓ
グラニュー糖……35g

レモン果汁……小さじ1と1/2
グラハムビスケット……50g
有塩バター……40g

市販ブルーベリーソース……適量
ブルーベリー……3粒
銀箔シュガー……適量

作り方

【チーズケーキ】

準備
・型底に丸く切ったクッキングシートを敷く
・クリームチーズを細かく切り、ボウルに貼りつけ常温に戻す
・耐熱容器に水を入れ、粉ゼラチンをふり入れ10分おく

1 耐熱容器に3～4等分に切り分けたバターを入れ、ラップをかけて電子レンジで30秒加熱する。

2 ビスケットを細かく砕き1に入れ、スプーンでよく混ぜ、型底に敷き詰め平らにならす。

3 クリームチーズをゴムベラで押しつぶして、なめらかにする。

4 3にグラニュー糖を加え泡立て器でよく混ぜたら、生クリームを加えよく混ぜる。

5 水にふやかした粉ゼラチンを電子レンジで30～40秒加熱して溶かし、よく混ぜる。

6 5に4を少し加え、泡立て器でよく混ぜたら、残りの4に流し入れよく混ぜ、ザルでこす。

7 ボウルにAを入れ、氷水(分量外)を入れたボウルに重ね、
ハンドミキサーでふんわり厚みがでるまで泡立てる。

8 こした6に7を流し入れ、泡立て器で混ぜ、さらにレモン果汁を加えて混ぜて型に流し入れる。

9 ラップをし、冷蔵庫で1晩～1日寝かせる。

【盛りつけ】

1 フキンを40℃くらいのお湯につけて絞り、型の側面をおおい、15秒ほど温める。

2 型を両手で持ち、底を少しずつ押し上げ、型を抜く(抜けないときは再度温める)。

3 切りわけ、皿に盛りソースをかける。ブルーベリーを3粒のせ、銀箔シュガーをふりかける。

濃厚なチーズとふんわりとした甘さが魅力の一品。
仕上げにキラキラ輝く砂糖をふりかけて。

いて座のりんご飴

いて座の矢で射抜いたりんごを、りんご飴にしました。
甘酸っぱい夏の香りを星空の砂糖をかけてお楽しみください。

いて座のりんご飴……………５００円

満月珈琲店

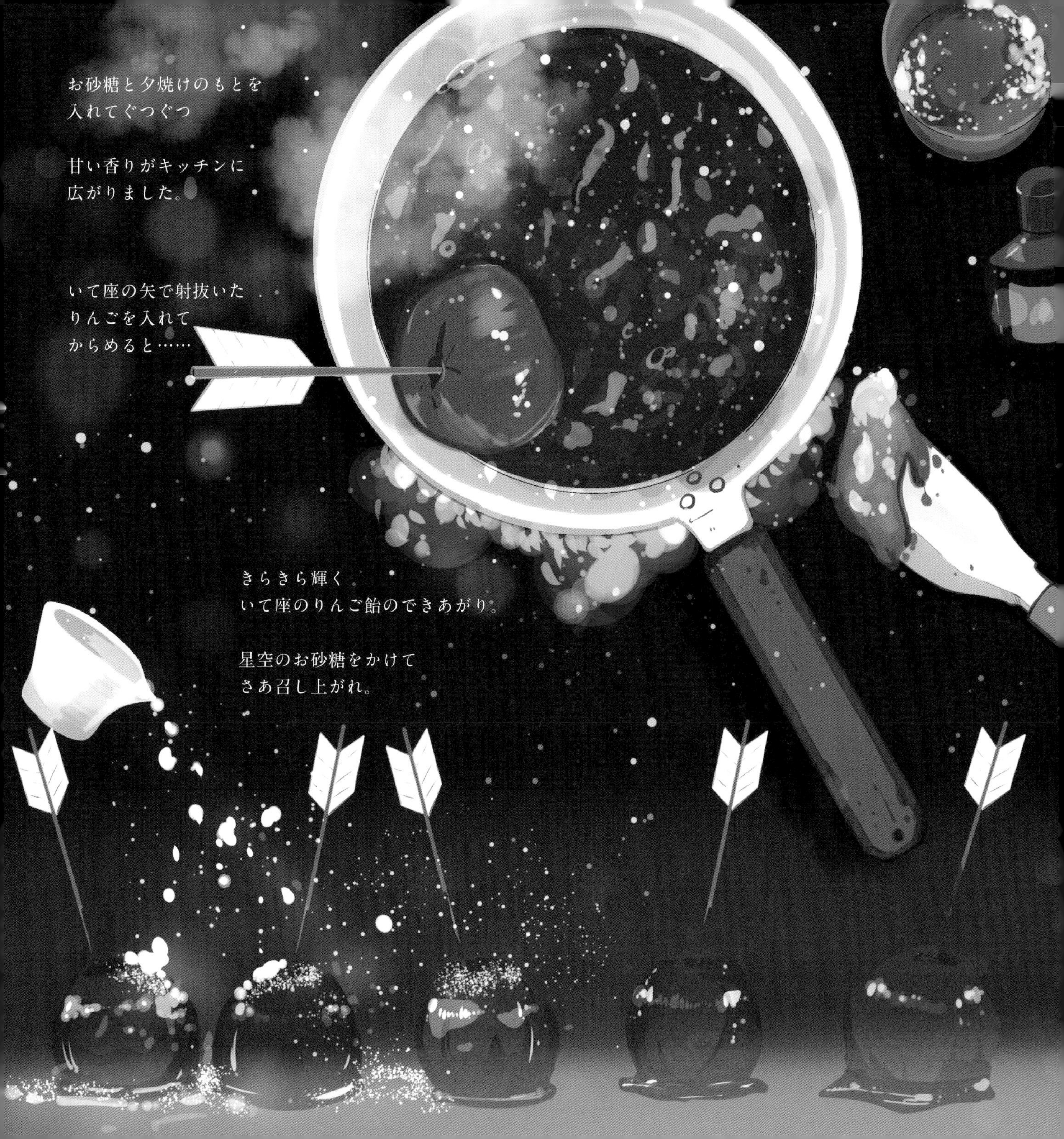

お砂糖と夕焼けのもとを
入れてぐつぐつ

甘い香りがキッチンに
広がりました。

いて座の矢で射抜いた
りんごを入れて
からめると……

きらきら輝く
いて座のりんご飴のできあがり。

星空のお砂糖をかけて
さあ召し上がれ。

いて座のりんご飴

材料

小さめのりんご(酸味のあるもの)……3個
グラニュー糖……200g
水飴……60g
水……50mℓ
食用色素 赤……微量
銀箔シュガー……適量
金箔パウダー……適量

作り方

1 りんごは洗い水気をよくふいて表面を乾かし、スティックを刺す。

2 中鍋に水、水飴、グラニュー糖の順に入れて中火にかける。

3 ゴムベラ(耐熱)で静かに混ぜ、溶けたら混ぜずに、飴がうすい黄色になるまで煮つめる。

4 煮つめたら火を止め、鍋底をさっと軽く1～2秒水につけ、鍋敷きの上にのせる。

5 食用色素を入れ、静かに混ぜたら1をからめ余分な飴をきり、クッキングシートにのせる。作業中に飴が固くなったら、トロ火にかけて柔らかくする。

6 銀箔シュガー、金箔パウダーをふりかける。

※飴の調理は高温になるのでくれぐれも注意してください

真っ赤なりんごに、艶やかに飴をまとわせて
食べ応え満点。矢のスティックは割り箸でも◎。

夏の大三角のアイスキャンディー風星空ゼリー

夏の大三角をアイスキャンディー風の星空ゼリーにしました。
天の川に思いを馳せながらお召し上がりください。

夏の大三角のアイスキャンディー風星空ゼリー…………２００円

満月珈琲店

ソーダの海に火をかけて
夜のもととお砂糖を混ぜ合わせると
夜空が広がります。

銀河と星々を
散りばめて冷やせば
星空ゼリーのできあがり。

夏の大三角形を切り出せば
特別な夏の日のデザートになります。

夏の大三角の
アイスキャンディー風星空ゼリー

材料

バット 20cm × 14cm

【A】
クールアガー……30g
グラニュー糖……30g

無着色レモンライムソーダ……400mℓ
食用色素 青……微量
市販ブルーベリーソース……適量
アラザン(銀色)……適量

作り方

1 Aを鍋に入れ、泡立て器でよく混ぜる。

2 1にソーダを少しずつそそぎ、ダマにならないようかき混ぜる。

3 2を中火にかけ、静かに混ぜる。

4 よく溶け混ざったら火からおろし、色素を加えゴムベラで混ぜる
(色素はつまようじの先につけ、少しずつ色を見ながら加える)。

5 4をバットに流し入れる。

6 アラザンを散らし、そっとスプーンで沈ませる。

7 粗熱がとれたら、冷蔵庫で冷やし固める。

8 ゼリーのふちをスプーンで軽くおさえ、皿などをかぶせ、ひっくり返し型から外す。

9 十字に包丁で切りわけたら、さらに対角線に切りわける。

10 アイスキャンディースティックをさしこむ。

※ソーダは透明であれば、他のお好みフレーバーでも。グラニュー糖の量は味を見て調整してください。

透明感が涼しげな夜空のゼリーに、アラザンの星々を
きらめかせて、夏にピッタリなデザートに。

ベテルギウスのプリン

間もなくその生涯を終えると言われている星、ベテルギウスをモチーフとしたプリンです。
超新星爆発が起こる前にお召し上がりください。

ベテルギウスのプリン……………４５０円

満月珈琲店

ある日
赤く儚い光を放つ星
ベテルギウスを見つけました。

ちょうど仕込んでいた
優しい味のプリンにそっと
飾り付けると

ベテルギウスは
一層輝き出し
素敵なデザートになりました。

ベテルギウスのプリン

材料

（100mℓ耐熱ガラスプリン型使用　4個分）

【プリン】

【A】

卵……150g（Mサイズ3個分）
卵黄……20g（1個分）

塩（自然海塩）……少々
バニラエッセンス……適量
グラニュー糖……75g
牛乳……300mℓ

市販ホイップクリーム……適量
ドレンチェリー（赤）
（または缶詰のチェリーの枝をとったもの）……4個

【カラメルソース】

【B】

グラニュー糖……50g
水……小さじ2

【C】

インスタントコーヒー……小さじ1
有塩バター……5g
湯……小さじ1

作り方

【プリン】

1 ボウルにAを入れ、泡立て器で溶きほぐしたら、
塩とバニラエッセンス、半量のグラニュー糖を加え、
すり混ぜる。泡立てないように注意する。

2 小鍋に牛乳、残りのグラニュー糖を入れ、弱火にかけて混ぜる。

3 2が人肌ほどになったら火を止め、1にそそぎ泡立てないよう静かに混ぜる。

4 3を裏ごしする。表面の白い泡はキッチンペーパーをはりつけてそっとはがす。

5 カラメルソース（後述）を流したプリン型に4を静かにそそぎ入れる。

6 バットに5を間隔をあけておき、人肌より少し熱めの湯（分量外）を型の1/3までそそぎ、
天板にのせ150℃に予熱したオーブンで35分ほど蒸し焼きにする
（途中天板を反転させる）。

7 バットから取り出し、粗熱がとれたらラップをかけて冷蔵庫に入れ一晩おく。

8 型から出すときは、型の周りについた部分をティースプーンの背で軽く押し、
器をカップにかぶせ、少し強く上下や左右に振り出すようにし、そっと型を抜きとる。

9 ホイップクリームを絞り、チェリーをのせる。

【カラメルソース】

1 小鍋にBを入れ中火にかける。

2 グラニュー糖が溶けてきて、紅茶色になったら火を止めCを加えて混ぜる。

3 熱いうちにプリン型に流しこむ。そのまま冷まし固める。

※カラメルは高温になるので注意する。

昔ながらの固めプリンに君臨するドレンチェリーが
ベテルギウスのようで、クオリティの高い再現度！

真夜中のパフェ

人の寝静まった真夜中を黒いスイーツたちで表現しました。
バニラアイスはぽっかりと浮かぶ大きな満月を表しています。
背徳感はあるかと思いますが、是非とも疲れた真夜中にお召し上がりください。

真夜中のパフェ……1000円

満月珈琲店

アイスをのせれば、
満月の夜の真夜中のパフェが
できあがり。

コーヒーゼリーにつぶあん、
ごまのクリーム……
たくさんの夜を詰め込みます。

静かな夜にはちょっとだけ
特別なパフェを作りましょう。

長い夜を過ごすように
どうぞ
ごゆっくり
お楽しみください。

真夜中のパフェ

材料

(2人分)

【黒ごまチョコアイスクリーム】

チョコレートアイスクリーム……250mℓ

【A】

ねり黒ごま……50g

食用竹炭パウダー……小さじ1

【黒ごまクリーム】

【B】

生クリーム(35～36%乳脂肪)……150mℓ

黒砂糖(粉末状)……15g

食用竹炭パウダー……小さじ1と1/2

【C】

すり黒ごま……大さじ1

ラム酒(お好みで)……小さじ1

チョココーンフレーク……40g

【コーヒーゼリー】

アイスコーヒー(無糖)……150mℓ(常温)

【D】

グラニュー糖……15g

クールアガー……3g

ラム酒(お好みで)……小さじ1

【盛りつけ】

バニラアイスクリーム(スクープ)……2個分

市販つぶあん……150g

銀箔シュガー……適量

作り方

【黒ごまチョコアイスクリーム】

アイスクリームを半解凍させ、スプーンですくいボウルに入れる。
氷を入れた別のボウルに重ねてAを入れ、
手早くよく混ぜたら冷凍し、しっかり冷やし固める。

【黒ごまクリーム】

ボウルにBを入れ、氷水につけながら
ハンドミキサーでやわらかい角が立つまで泡立て、
Cを加えゴムベラで混ぜ合わせる。

【コーヒーゼリー】

1 Dを小鍋に入れ泡立て器でよく混ぜる。

2 1にアイスコーヒーを少しずつそそぎよく混ぜる。

3 2を中火にかけ、静かに混ぜる。

4 よく溶けたら火からおろし、バットに流し入れ粗熱がとれたら、
冷蔵庫で冷やし固める。

5 お好みでラム酒を入れ、スプーンで軽くクラッシュする。

【盛りつけ】

1 パフェグラスにコーヒーゼリーを入れる。

2 コーンフレークを入れ、黒ごまクリームをのせる。

3 つぶあんを入れたら、スクープしたバニラアイス、
黒ごまチョコアイスに銀箔シュガーを軽くふりかける。

夜闇を思わせるブラックは、コーヒーと黒ごまで表現。
丸いバニラアイスが、満月みたいな光彩を演出してくれる。

雨のプレッツェル

こんがりと焼いたプレッツェルに
しっとりとした梅雨の雨をコーティングしたお菓子です。
お好きなコーヒーと雨音を聞きながらお召し上がりください。

雨のプレッツェル……………………………一箱200円

星空のバターサンド

バターをたっぷり使ったビスケットで星空をサンドしました。
故郷の星空を思い浮かべながらご堪能ください。

星空のバターサンド……………………………170円

コーヒーのお供に
満月珈琲店の自家製お菓子は
いかがですか。
星空と雨の味は
あなたをきっと一息つかせて
くれるでしょう。

雨のプレッツェル

材料

（20本分）

ホワイトチョコレート……40g
バタフライピーパウダー……小さじ1/2
レモン果汁……3～4滴
プレッツェル……20本

ココナッツファイン……5g

作り方

1 小さめのボウルにあらきざみしたホワイトチョコレートを入れ、50℃ほどの湯せんにかけ、ゴムベラで混ぜながら溶かす。

2 1にバタフライピーパウダーを入れ、よく混ぜたらレモン果汁を加えよく混ぜる。

3 スプーンの背で2をプレッツェルにうすく塗り、クッキングシートにのせてココナッツファインをふりかける。

4 冷蔵庫で冷やし固める。

星空のバターサンド

材料

（4cm × 6cmサンド約6個分）

ビスケットまたはクッキー……12枚
金箔……適量

【青いクリーム】

ホワイトチョコレート……100g
無塩バター……100g
バタフライピーパウダー……小さじ2と1/2
レモン果汁……4～5滴

【チョコレートクリーム】

無塩バター……50g
ビターチョコレート（カカオ50%）……50g
塩（自然海塩）……小さじ1/10

作り方

準備
・バターはそれぞれ薄めに切り、ボウルの内側に貼りつけ、30分ほどおいて常温に戻す。

1 あらきざみしたホワイトチョコレートをボウルに入れ、50℃ほどの湯せんにかけ溶かし、冷ます。

2 バターをハンドミキサーでよくほぐし、なめらかになるまで混ぜる。

3 ホワイトチョコレートの粗熱がとれたら、少しずつ2に加え、つどよく混ぜる。

4 ときどきボウルの底を冷水にあて、ふんわり白っぽくなるまで4～5分混ぜる。

5 バタフライピーパウダーとレモン果汁を加え、さらに1分混ぜる。

※チョコレートクリームも同じように作る。塩は3で加え混ぜる。

6 ラップを敷いたバットに各クリームを小量ずつ流し入れる。ひと混ぜし、マーブル状にしてクリームを全部のせたら、表面を力を入れないように軽くならし、ラップをかけて冷蔵庫で1時間冷やす。

7 バットからそっとラップを持ち上げ外し、ビスケットをのせて大きさを合わせて切り分ける。ビスケットでサンドしたらバットに戻しラップをかけ、再度冷蔵庫で2時間冷やす。金箔を側面に貼る。

※バターが溶けやすいので、しっかり冷やした状態で食べてください
※バタフライピーパウダーは、レシピ分量より多めに入れると独特な豆の香り、味が出てきます。レシピより色を濃いめにしたい場合は、食用色素で調整してください
※レモン果汁は、バタフライピーパウダーの発色をあげるために微量入れています

バタフライピーで引き出す優しいブルーで、神秘的な印象に。
雨と星空をイメージした甘さを、ご賞味あれ。

満月珈琲店

今夜は満月珈琲店のパーティーデー。
星たちの瞬く夜空の下
たくさんのスイーツたちをご用意して
お待ちしております。
満月珈琲店
夜が明けるまでごゆっくり。

ふわふわのスフレと、軽い口どけのホイップバター、
まん丸アイスで魅せる“三大満月デザート”を味わい尽くして。

満月のドームケーキ

作り方

【スフレチーズケーキ】

準備
- やわらかくしたバター（分量外、適量）をハケでボウルの内側に薄く塗り、小麦粉（分量外、適量）を茶こしでふり余分な粉をたたいて落とし、冷蔵庫で冷やしておく。
- ボウルにクリームチーズを細かくきざみ貼りつけ、常温に戻す。
- 卵は、卵黄と卵白にわける。

1. ゴムベラでクリームチーズを押しつぶし、なめらかにする。
2. グラニュー糖（20g）を加え、泡立て器でよく混ぜたら、卵黄、ヨーグルト、生クリーム、A、Bの順に入れ、つどよく混ぜる。
3. 卵白を別のボウルに入れハンドミキサー低速でほぐしたら、グラニュー糖（50g）を4回にわけて加え、つど低速で泡立て、グラニュー糖が溶けたら中速にして泡立てる。
4. メレンゲが、ハンドミキサーの羽根で持ち上げたら角先がペタンとたれ下がるくらいの固さになったら、ふたすくい2に加え、泡立て器で混ぜる。
5. 2を残りのメレンゲに流し、ふんわりと混ぜ、型に流しバットにのせて40℃くらいの湯を、型4cm高さまで入れ、天板にのせる。
6. 170℃に予熱したオーブンに入れ、150℃にして55分焼く（竹串をさすと半生の生地がうすくつくくらい）。
7. 加熱せずそのままオーブンで60分休ませる。
8. オーブンから取り出し、皿をかぶせてひっくり返して、型から外し冷ます。
9. 粗熱がとれたら、ふんわりラップをかけ、冷蔵庫で3時間〜半日冷やす。

【クリーム】

1. ボウルに生クリームを入れ、氷水を入れたボウルに重ね、ハンドミキサーでもったりするまで泡立てる。
2. Cを加え、やわらかい角が立つまで泡立てる。

【デコレーション】

1. クリームをパレットナイフなどでケーキに薄く塗り、冷蔵庫で15分冷やす。
2. 再度クリームを厚めに塗り、デコレーション用粉砂糖を茶こしでふりかけ、金箔パウダーをふる。

材料

【スフレチーズケーキ】
（直径18cm深さ7cmボウル1個分）

クリームチーズ……200g
グラニュー糖……70g
卵……150g（Mサイズ3個分）
プレーンヨーグルト（常温）……50g
生クリーム（乳脂肪35〜36%、常温）‥50mℓ

【A】
レモン果汁……大さじ1と小さじ1/2
バニラエッセンス……適量

【B】
薄力粉……35g
ベーキングパウダー……小さじ1/4

【クリーム】
生クリーム（乳脂肪分35 〜 36%）…150mℓ

【C】
市販キャラメルソース……45g
インスタントコーヒー……小さじ1/2

【デコレーション】
デコレーション用粉砂糖……適量
金箔パウダー……適量

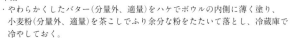

満月バターのホットケーキ

材料

【満月バターのホットケーキ】
（直径12cmホットケーキ8枚分）

有塩バター……20g
ホットケーキミックス……300g
卵（Mサイズ）……2個（常温に戻す）
牛乳……200mℓ

【A】
グラニュー糖……25g
レモン果汁……小さじ2
バニラエッセンス……適量

【ホイップバター】（約2個分）
有塩バター……50g（常温に戻す）
牛乳……大さじ1

作り方

【満月バターのホットケーキ】

1 耐熱ボウルにバターを入れラップをかけてレンジに40秒かけ、泡立て器で混ぜる。

2 1にAを入れ、よく混ぜたら卵を割り入れよく混ぜる。

3 牛乳を加えてよく混ぜたらホットケーキミックスを加え、
さっくりとダマが残るくらいに混ぜる。

4 中火で温めたフライパンをぬれ布巾にのせ、薄くサラダ油（分量外）を敷き生地1/8量を丸く流し、ふたをして弱火で3分ほど焼く。

5 小さな泡がでたらひっくり返し、30秒～1分ほど焼く。

6 皿に5枚重ねてホイップバター（後述）をのせ、ハチミツ（分量外、適量）をかける。

【ホイップバター】

1 小ボウルにバターを入れハンドミキサーでよくほぐす。

2 1がやわらかくなめらかになったら牛乳を少しずつ入れ、よく混ぜる。

3 ふんわり白っぽくなるまでよく混ぜる（夏は冷水にあてながら）。

4 小さなディッシャーで丸くとり出す。

満月アイスのフォンダンショコラ

材料

【満月アイスのフォンダンショコラ】（2人分）
アルミプリンカップ直径6cm 深さ5cm使用

カカオ50%チョコレート……50g

【A】
無塩バター……50g
無糖ココア……5g

卵（Mサイズ）……1個

【B】
グラニュー糖……22g
コーンスターチ……6g

コアントロー（お好みで）……小さじ1/2
バニラアイス（スクープ）……2個
市販チョコレートソース……適量

【C】
デコレーション用粉砂糖、金箔パウダー……適量

作り方

準備
・やわらかくしたバター（分量外、適量）を、ハケでプリンカップの内側に薄く塗り、
小麦粉（分量外）を茶こしでふり余分な粉をたたいて落とし、冷蔵庫で冷やしておく。

1 ボウルにあらきざみしたチョコレートとAを入れ、60℃の湯せんにつけ、ゴムベラで溶かし混ぜる。

2 別のボウルに卵を割り入れ、泡立て器で溶きほぐしたらBを入れてすり混ぜる。

3 1の1/3を2に加え、つややかになるまで静かに混ぜる。

4 3を残りの1に流し、ゴムベラを垂直に立て、中心を静かに混ぜる。
全体がつややかになったら、お好みでコアントローを加え混ぜる。

5 準備したプリンカップに半量ずつ流し、
天板にのせて200℃に予熱したオーブンに入れ、180℃にして9分焼く。

6 オーブンから取り出し3分ほどおいたら、ナイフで内側を1周し、ひっくり返して皿にのせ、バニラアイスをのせ、チョコレートソースをかけてCをふりかける（粉砂糖は茶こしを使用する）。

MANGETSU COFFEE

Presented by SAKURADAKitchen.

STARDUST BLEND

Recipe

Drink

きっとあなたの心まで満たしてくれる、空や星々を集めた定番ドリンクをお試しあれ。

満月 珈琲店

満月珈琲店
STARDUST BLEND
星屑ブレンド
採れたての星とコーヒーの出会い。
満月珈琲店のオリジナルブレンドで仕上げました。
Short:\380
Medium:\400
Large:\500
(＋tax)
Ashiharu

月光ブレンド

月の欠片をブレンドしたコーヒー。
しっかりした後味をお楽しみください。

Short:\500

Medium:\530

Large:\580
（+tax）

MOONLIGHT BLEND

星屑ブレンド

材料

(2人分)

細挽きコーヒー豆(浅煎り)……20g
ドライパイン……15g
レモンゼスト
(無農薬、レモンの表皮のみすりおろしたもの)…1/3個分
氷(浄水軟水を凍らせたもの、
または市販のブロックアイス)……250g

作り方

1 ドライパインを粗きざみにし、コーヒーサーバーにレモンゼストと一緒に入れる。

2 ドリッパーにフィルターをセットし、コーヒー豆を入れ、湯(分量外)を回し入れガス抜きをする。

3 1のコーヒーサーバーに2のドリッパーをのせ、コーヒー豆の上に氷をのせる。

4 抽出されたらグラスに氷を入れて、茶こしでこしながらそそぐ。

※室温、氷にもよりますが、5～6時間かけて抽出されます。

月光ブレンドのアフォガード

材料

(1人分)

バニラアイスクリーム(スクープ)……1個
※あらかじめスクープし、しっかり冷凍しておく
濃いめに入れたコーヒー……50mℓ
市販マンゴーソース……適量
金箔パウダー……適量

作り方

1 カップにバニラアイスクリームを入れる。上からマンゴーソースをかけ、軽くスプーンで広げる。

2 1のマンゴーソースにかからないよう、そっとコーヒーをそそぎ、金箔パウダーをふりかける。

桜のスムージー（桜吹雪）

美しく咲き誇る桜をスムージーにしました。
甘くとろける桜吹雪、少し酸っぱい夜桜の2種類をご用意しました。

満月珈琲店

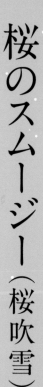

桜のスムージー（夜桜）
満月珈琲店
桜のスムージー……………………各６３０円

桜のスムージー（桜吹雪）

材料

（1人分）
※飲む直前によく混ぜてください

【桜吹雪】
白桃缶詰（ライトシロップ）……100g
市販イチゴソース……50g

【A】
牛乳……80g
バニラアイスクリーム……40g

塩漬け桜……1個

作り方

1 小ボウルにシロップを切った白桃とイチゴソース40gを入れ、ブレンダーで攪拌する。

2 1をグラスに入れ、残りのイチゴソースをたらし、スプーンで軽く混ぜる。

3 Aを混ぜ1/2量をグラスにそそぎ、スプーンで軽く混ぜる。残りもグラスにそそぎ、塩抜きした桜をのせる。

桜のスムージー（夜桜）

材料

（1人分）

※飲む直前によく混ぜてください

【夜桜】

プレーンヨーグルト……100g
桜あん……50g
市販イチゴソース……15g

【A】

牛乳……60g
バニラアイスクリーム……40g

塩漬け桜……1個

作り方

1 グラスに桜あん全部とヨーグルトを半分入れ、スプーンで混ぜてマーブルにする。

2 残りのヨーグルトとイチゴソースを入れ、軽く混ぜる。

3 Aを混ぜ、2にそそぐ。塩抜きした桜をのせる。

土星のフロート

淹れたてのコーヒーにアイスをのせて、フロートにしました。
フチの広いカップを輪っかに見立て、土星を表現してみました。

土星のフロート……550円

満月珈琲店

いつものブレンドに
土星のアイスを
浮かべてみると

たちまち宇宙が
ひろがりました。

ふわふわ浮かぶ
土星のアイスと
ほろ苦いコーヒーの
ハーモニーを
ゆっくりお楽しみください。

COFFEE

いつか本当の土星も
直接眺めてみたいものです。

土星のフロート

材料

バニラアイスクリーム（スクープ）……1個

【A】
ミルクチョコレート……1/4片
バニラアイスクリーム……小さじ1/2

市販チョコレートソース……適量
アイスコーヒー……適量
氷……適量
ホワイトチョコレート……1片

作り方

準備
・カップのフタは、くぼみにハサミを入れ、中央を切り抜く

1 スクープしたアイスクリームを冷凍庫で10分ほどしっかり冷やし固める。

2 Aを耐熱小皿に入れ、レンジに30秒かけ、よく混ぜ冷ます。

3 1を冷凍庫から取り出し、スプーンの背を使って2で土星の薄茶色の模様を描く。再度冷凍庫で10分ほど冷やし、固める。

4 3を取り出し、つまようじの先を使ってチョコレートソースで円を斜めに描き、再度5分ほど冷凍庫で冷やし固める。

5 ホワイトチョコレートを耐熱容器に入れ50℃ほどの湯せんにかけて溶かす。
※レンジ使用の場合は、焦げやすいため注意する

6 5をスプーンの背を使って、プラスチックカップの内側に塗り、模様を描く。冷蔵庫で3分ほど冷やす。

7 6に氷を入れアイスコーヒーをそそぎ、4のアイスクリームをのせる。中央を切り抜いたフタをする。

ひんやり美味しい土星の模様は、チョコレートで描く。
コーヒーの苦さと、アイスの甘さのハーモニーを満喫！

きな粉ブレンド（コーヒーゼリーつき）

750円

ミルクブレンド

500円

満月珈琲店

星屑と隕石のタピオカミルクティー

星屑と隕石をブレンドしたタピオカミルクティーです。
大気圏で焼かれた隕石の香ばしさをお楽しみください。

ソーダブレンド
500円

いちごブレンド
550円

星屑と隕石のタピオカミルクティー

【ソーダブレンド】

材料

(1人分)

※飲む直前によく混ぜてください

冷凍タピオカ……40g

※調理説明に沿い、加熱して冷ましておく

【A】

ラムネシロップ……小さじ1と1/3

食用色素　紫……微量

氷……適量

サイダー……170mℓ

作り方

1 カップにタピオカとAを入れ、混ぜる。

2 氷をカップの上部まで入れる。

3 サイダーをそそぎ、軽く混ぜる。

【いちごブレンド】

材料

(1人分)

※飲む直前によく混ぜてください

いちごジャム(甘さひかえめ)……40g

冷凍タピオカ……40g

※調理説明に沿い、加熱して冷ましておく

ヨーグルト(加糖)……40g

氷……適量

【A】

牛乳……150mℓ

練乳……15g

作り方

1 カップにジャムを半分入れ、スプーンの背でカップの下部と、内側に塗り広げる。

2 タピオカを入れる。

3 残りのジャムとヨーグルトを入れ、内側に塗り広げる。氷をカップの上部まで入れる。

4 Aをよく混ぜ、3に静かにそそぐ。

【きな粉ブレンド】

材料

(1人分)

※飲む直前によく混ぜてください

冷凍タピオカ……40g

※調理説明に沿い、加熱して冷ましておく

バニラアイスクリーム……100g

氷……適量

【A】

きな粉……大さじ1と小さじ2

牛乳……130mℓ

市販コーヒーゼリー……1/2カップ

作り方

1 カップにタピオカとアイスクリームを半量入れ、混ぜる。

2 氷をカップ8分目まで入れ、よく混ぜたAをそそぐ。

3 残りのアイスクリームを入れ、コーヒーゼリーをほぐしのせる。

【ミルクブレンド】

材料

(1人分)

※飲む直前によく混ぜてください

アールグレイティーバッグ……1袋

熱湯……60mℓ

グラニュー糖……大さじ1と小さじ2

牛乳……70mℓ

冷凍タピオカ……40g

※調理説明に沿い、加熱して冷ましておく

ヨーグルト(加糖)……40g

氷……適量

作り方

1 熱湯にティーバッグを入れ、フタをして5分蒸らす。

2 ティーバッグを絞り、グラニュー糖を入れ、よく混ぜ、常温になったら牛乳を加え混ぜる。

3 カップにタピオカを入れ、ヨーグルトを加えて混ぜる。カップ内側にスプーンの背でヨーグルトを広げる。

4 氷をカップ上部まで入れる。

5 2のミルクティーを静かにそそぎ、軽く混ぜる。

満月
珈琲店
MANGETSU
STARDUST

空色ソーダ　夕空

空色ソーダ　青空

空色ソーダ　星空

空色ソーダ

空のうつろいを、爽やかなソーダにしました。

空色ビール　夕焼け

空色ビール　黄昏

空色ビール　星空

空色ビール

甘く香ばしい、満足感のある一杯に仕上げました。

満月珈琲店

冷たいソーダに空のシロップを
静かにそそぐとコップいっぱいに
透き通った青空が浮かびました。

くるくる混ぜ合わせるとソーダは
また違う空模様になりました。

やがて夕空へそして夜空へと
移り変わりました。

あなたはどの空が
一番お好きでしょうか。
しゅわしゅわ冷たい空の味
どうぞお試しください。

大人のあなたにはビールも
ご用意しています。

空色ソーダ

【夕空】

材料

(360mℓグラス使用1人分)

※ソーダは飲むときによく混ぜてください

【A】

市販オレンジアイスティー(冷やしたもの)…80mℓ

ガムシロップ…20g

【B】

市販ブルーベリーソース(果肉のあるものはこす)

食用色素 青…15g

強炭酸水…100mℓ

氷…適量

作り方

1 グラスにAを入れ、よく混ぜる。

2 Bをよく混ぜ、群青色にする。
※食用色素は少しずつ混ぜる

3 2に強炭酸水を静かにそそぎ、そっと混ぜる。

4 1に氷を半分ほど入れ、3を静かにそそぐ。

【青空】

材料

(360mℓグラス使用1人分)

※ソーダは飲むときによく混ぜてください

【A】

ガムシロップ…25g

冷水…50mℓ

【B】

ラムネシロップ(かき氷用)…小さじ1/2

強炭酸水…80mℓ

氷…適量

作り方

1 グラスにAを入れ、よく混ぜる。

2 Bを別のグラスに入れ、そっと混ぜる。

3 1に氷を入れたら、2を静かにそそぐ。

4 ラムネシロップを、
2～3滴(分量外)そっとおとす。

【星空】

材料

(360mℓグラス使用1人分)

※ソーダは飲むときによく混ぜてください

【A】

ミントの葉…大さじ1

バタフライピーティー(ティーバック)…1個

熱湯…大さじ3

【B】

ガムシロップ…25g

冷水…50mℓ

氷…適量

強炭酸水…100mℓ

作り方

1 Aに熱湯をそそぎ、ラップをかけ、
冷めるまで蒸らす。冷めたらこす。

2 グラスにBを入れ、よく混ぜる。

3 2に氷を入れ、強炭酸水を静かにそそぐ。

4 1を大さじ1すくい、
少しずつ広げるように3に入れる。

空色ビール

【夕焼け】

材料

(1杯分)
ビール(400mℓジョッキ使用)
※軽く飲んでからよく混ぜて、ストローで飲んでください

【A】
レモンサイダー(黄色、加糖のもの)……100mℓ
レモン果汁……小さじ1/2
粉ゼラチン(ふやかさないタイプ)……2g

【B】
メープルシロップ……小さじ2
水……大さじ1

【C】
レモンサイダー……50mℓ
メープルシロップ……小さじ1
食用色素 赤……微量

レモンサイダー……適量
氷……適量

作り方

1 耐熱タッパーなどの容器にAのレモンサイダー50mℓと、レモン果汁、粉ゼラチンを入れ、さっと混ぜたらレンジに40秒かけ、よく混ぜる。
※容器はガラスなどではなく、
うすめの容器の方があとで冷やしやすい
※ゼラチンが溶けていなかったら再加熱する。沸騰はさせない

2 1に残りのレモンサイダーを静かにそそぎ混ぜたら、氷水(分量外、以下同)につけてときどき混ぜながら冷やす。

3 2が冷えたら半量を小ボウルにわけ、残ったゼリー液をとろみが出るまで冷やし混ぜる。
※スプーンで落としたとき、ポトンと落ちる程度のとろみ

4 ジョッキにBを入れて、よく混ぜる。

5 氷をジョッキの1/4まで入れる。

6 3のゼリーをスプーンで静かに流し入れる。

7 3の小ボウルに入れてとりわけたゼリー液を氷水につけ、ミルクフォーマー(またはハンドミキサー)でなめらかな泡立ちになるまで泡立てる。
スプーンで優しく混ぜ、少し固める。
※冷やしすぎると流動性がなくなるので注意

8 氷をジョッキ3/4まで入れる。

9 Cを混ぜて静かにそそいだら、
マドラーで上下に少しだけ混ぜる。

10 レモンサイダーを静かにそそぎ、
7の泡をスプーンでのせる。

空色ビール

【黄昏】

材料

（1杯分）
ビール（400mℓジョッキ1杯分）
※作り方の詳細は「夕焼けビール参照」

【A】
レモンサイダー（透明、加糖のもの）……50mℓ
粉ゼラチン（ふやかさないタイプ）……1g

【B】
メロンシロップ……大さじ2
水……20mℓ
粉ゼラチン（ふやかさないタイプ）……1g

【C】
練乳……15g
水……10mℓ
食用色素 紫……微量

【D】
レモンサイダー……100mℓ
食用色素 赤……微量

氷……適量

作り方

1 耐熱タッパーにAを入れ、さっと混ぜたらレンジで40秒加熱してよく混ぜる。Bも同様に加熱し、混ぜる。

2 1を氷水につけ、ときどき混ぜながら冷やしたらAは氷水から外し、Bはとろみがつくまでスプーンで混ぜる。

3 ジョッキにCを入れて、よく混ぜる。

4 氷をジョッキの1/4まで入れる。

5 2で混ぜたBのゼリーをスプーンで静かに流し入れる。

6 2の小ボウルに入れたゼリー液を氷水につけ、ミルクフォーマー（またはハンドミキサー）でなめらかな泡立ちになるまで泡立てたら、スプーンで優しく混ぜ、少し固める。

7 混ぜたDを静かにそそぎ、6の泡をスプーンでのせる。

【星空】

材料

（1杯分）
ビール（400mℓジョッキ1杯分）
※作り方の詳細は「夕焼けビール参照」

【A】
サイダー……100mℓ
粉ゼラチン（ふやかさないタイプ）……2g

【B】
市販ブルーベリーソース……25g
食用色素 青……微量
アラザン（銀色）……適量

【C】
サイダー……60mℓ
グレープジュース（果汁100%）……40mℓ
食用色素 青……微量

氷……適量

作り方

1 耐熱タッパーなどの容器にAのサイダー半量と、粉ゼラチンを入れ、さっと混ぜたらレンジに40秒かけ、よく混ぜる。

2 1に残りのサイダーを静かにそそぎ混ぜたら、氷水につけてときどき混ぜながら冷やす。

3 2が冷えたら半量を小ボウルに分ける。残ったゼリー液は、とろみが出るまで冷やし混ぜる。

4 ジョッキにBを入れてよく混ぜる。

5 氷をジョッキの1/4まで入れる。

6 3のゼリーをスプーンで静かに流し入れる。

7 3のボウルに入れたゼリー液を氷水につけ、ミルクフォーマー（またはハンドミキサー）でなめらかな泡立ちになるまで泡立てたら、スプーンで優しく混ぜ、少し固める。

8 氷をジョッキ3/4まで入れる。

9 Cを混ぜて、静かにそそいだらマドラーで上下に少しだけ混ぜる。

10 7の泡をスプーンでのせる。

MANGETSU COFFEE

Presented by SAKURADAKitchen.

STARDUST BLEND

Recipe

Food

美しいだけでなく、お腹も満足すること間違いなしな当店のご飯をお楽しみください。

満月 珈琲店

満月たまごのガレット

月の光をたっぷり浴びた鶏が産む「満月たまご」を使ったガレットです。
カリッと焼いたベーコン、よく味の染み込んだホウレン草と一緒にお召し上がりください。

満月たまごのガレット……………９００円　セットドリンク＋２００円

満月珈琲店

ちょっと小腹が空く夜には
とっておきのガレットを作りましょう。

大好きなものをたくさん入れて
半熟の満月たまごをからめれば

……ほら！

たちまち
お腹も心もまんぷくです。

満月たまごのガレット

材料

【ガレット生地】
（直径30cmフライパンを使用3枚分）

【A】
ソバ粉……115g
片栗粉……10g

卵……50g（Mサイズ1個分）

【B】
ハチミツ……10g
塩（自然海塩）……1g
水……200mℓ

有塩バター……15g
ビール（常温）……100mℓ

【具材】（1枚につき）
卵……1個
ベーコン……2枚
ホウレン草……1.5輪
ピザチーズ……ひとつかみ
有塩バター……1片
ナツメグパウダー……適量
塩……適量
こしょう……適量

【マヨネーズソース】
マヨネーズ……大さじ2
レモン果汁……小さじ1
ハチミツ……小さじ1/2
水……小さじ1

あらびき黒こしょう……適量

作り方

【ガレット生地】

1 Aをボウルに入れ、泡立て器でさっと混ぜ、中心にくぼみをつける。

2 卵を溶きほぐし、Bを加え混ぜたら、こしながら1のくぼみに流す。

3 泡立て器で中心をやさしく混ぜ、周りの粉をひきこむように混ぜていく。

4 バターを器に入れラップをし、レンジで30～40秒溶かし、3に加え混ぜる。

5 ビールを静かにそそぎ、混ぜる。ラップをして冷蔵庫で一晩寝かせる。

※しっかり寝かせることで、生地ののびや焼き色もよくなる
※日本のソバ粉は粘りが強いので、寝かせると粘りをおさえられる

【ガレット】

準備
・ベーコンの1枚は半分の長さに切り、もう1枚は5mm幅に切る。
5mm幅の方はフライパンでカリカリに炒める
・ホウレン草は水につけ、アク抜きをして水気をふき、3～4cmに切る。
ベーコンを炒めたフライパンにバター（1片）とホウレン草を入れ、さっと炒める。
ナツメグパウダー、塩、こしょうで味を整える
・ガレット生地を常温に戻す

1 フライパンをやや強火でしっかり熱したら、側面までバター（分量外、適量）を薄く敷き、
よく混ぜた生地を1/3量流し、手早くフライパンを回し広げる。
※生地は下に沈殿するので、焼く直前につど混ぜる

2 中火にして、生地表面が軽くかわいてきたら卵を中心に割り入れ、
ナイフなどで白身を広げ、火をやや弱くする。

3 チーズをちらし、半分に切ったベーコン、ホウレン草の半量をのせ、フタをして焼く。

4 チーズが溶け、卵にほどよく火が通りはじめたらフタを外し、弱火にして
フライパンを動かしながら、フチまでしっかり焼きフライ返しでフチ4辺を内側に折り曲げる。

5 ホウレン草の残りと、炒めたベーコンをちらし皿に移す。
材料をよく混ぜたソースをかけ、あらびき黒こしょうをふりかける。

※フライパンの材質、厚みにより火加減を調整してください
（本書では鉄のフライパンを使用）

しし座のハンバーガー

春の代表的な星座、しし座をハンバーガーにしました。
大きく口をあけ、獲物を食べている様を表現しました。
ほうき星のポテトと一緒にお召し上がりください。

しし座のハンバーガー(ほうき星のポテトつき)……………………800円

満月珈琲店

ある日の夜、
スパイスと星屑を
入れたひき肉を丸めて
こんがり焼いていると

おいしい香りに
引き寄せられて
食いしん坊の
しし座がやってきました。

たちまち
パティと冷蔵庫の
お野菜とチーズに
かぶりつき

とってもおいしい
ハンバーガーになりました。

しし座のハンバーガー

材料

【バンズ】(4個分)

【A】

強力粉……200g
全粒粉……40g
グラニュー糖……25g
イースト……3g
卵……50g（Mサイズ1個分）

【B】

ぬるま湯……100mℓ
塩(自然海塩)……3g

無塩バター(常温に戻す)……15g

【塗り卵】

溶き卵……1個分
牛乳……小さじ2

白ごま……適量

【パティ】(4枚分)

あいびき肉(牛7：豚3)……600g
マッシュルーム(大きめ)……3個
玉ネギ……1/4個
にんにくすりおろし……小さじ1/2
塩、こしょう……適量
ナツメグパウダー、
ドライオレガノパウダー……適量
（もしくはローズマリー、マジョラム）

チェダーチーズ(スライス)……4枚

【組み立て】

【C】

マヨネーズ……適量
マスタード……適量

昆布の佃煮……適量
のり……適量
バター……適量
レタス……適量
スライストマト……4枚
ケチャップ……適量
ピクルス(スライス)……適量

フライドポテト……お好みの量

作り方

【バンズ】

1 大きめのボウルにAを入れ、泡立て器でさっと混ぜる。

2 小さめのボウルに卵を割り入れ、よく溶きほぐしたらBを入れて混ぜる。

3 1に2を入れ、ゴムベラで切り混ぜる。

4 粉気がなくなったら、生地をたたきつけ折り込むように10分手でこねる。

5 バターを加えて、生地が薄い膜のようにのびるまで5～10分こねる。
※こね上げ生地の温度目安28℃

6 生地を丸めて強力粉(分量外)をふった1のボウルに入れ、ラップをかける。
30℃のオーブンに45～50分入れ、発酵させる。
※2.5倍に膨らみ、粉をつけた指で生地を押し、あとが戻らなければOK

7 生地を軽くつぶし、ガス抜きをして25g取り分ける。
残りを4つに分けてスケッパーで分割し、丸める。

8 25gを4つにわけて丸める。7の生地と一緒に薄く強力粉(分量外)をふるった台におき、
ラップをかけて10分休ませる。

9 再度ガス抜きをする。生地をそれぞれ丸める。

10 天板にクッキングシートを敷き、生地を間隔をあけてのせる。
35℃のオーブンに40分入れ、2次発酵させる。

11 溶き卵と牛乳を混ぜてこした塗り卵を、生地の表面にハケで優しく薄く塗り、
大きい生地に白ごまを少し貼りつける。200℃に予熱したオーブンで10分焼く。
※途中、天板の前後を入れかえる
※残った塗り卵は、他の料理で使用してください

【パティ】

1 玉ネギ、マッシュルームは、あらかじめみじん切りにして
オリーブオイル(分量外、適量)と塩(分量外、ほんの少々)で炒め、冷ます。

2 ボウルに1と残りの材料と氷ブロック2個(分量外)を入れ、軽くしっとりして
ひとまとまりになるまで軽くゴムベラで混ぜる。氷は外す。

3 4等分にして1cmの厚みに丸く成形する。
空気を抜きラップで包み、冷蔵庫で3時間寝かせる。

4 食べる直前に焼く。パティを常温にし、フライパンを熱し(くっつくフライパンは
薄くオイルを敷く)中火で焼く。こんがりしてきたら裏返し、弱火で焼く。
焼き上がる少し前にチェダーチーズをのせフタをする。

【組み立て】

1 バンズを半分にスライスする。

2 小さい生地を半分に切りつまようじに刺して、上のバンズに刺して耳にする。小さめのナイフでΛの形に切り込みを入れ、立たせて少量のチーズ（分量外、適量）を裏側に貼りつけささえて、立て髪にする。

3 2に切り抜いた昆布の佃煮と少量のマヨネーズを塗ったのりを貼り、目と鼻をつける。ガス火で熱した鉄串をバンズに押しつけ、ヒゲにする。

4 下のバンズのスライスした面を下にして、フライパンで軽く焼く。

5 下のバンズにバターを薄く塗り、混ぜ合わせたCを塗る。レタス、トマト、パティを順にのせる。
ケチャップを塗り、スライスしたピクルスをのせる。

6 上のバンズをのせ、ピックを刺す。

7 フライドポテトを添える。

満月珈琲店

満月珈琲店特製 空のトースト

満月珈琲店特製のトーストをご紹介します！　バターだけで食べてもよし、ジャムやトマト、あずきをトッピングしてもよし！　お好きな食べ方を探してください。

①

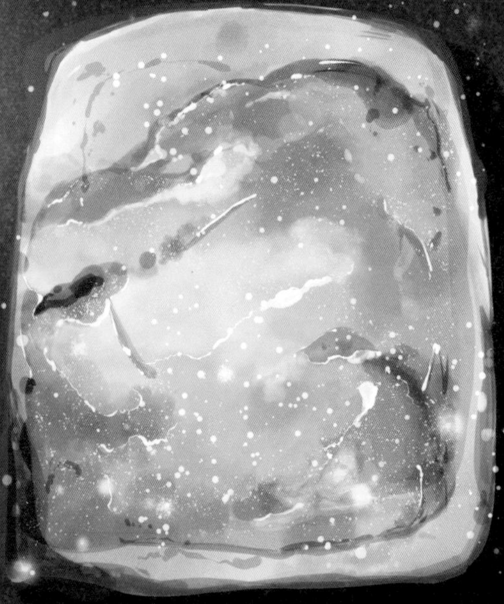

① 夕焼けのトースト

② 太陽のトースト

③ 朝焼けのトースト

④ 真夜中のトースト

⑤ 一番星のトースト

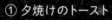

②
③
④
⑤

満月珈琲店特製
空のトースト

【朝焼け】

材料

食パン……1枚

バター……適量
ヨーグルト(加糖、一晩水切り)……大さじ1
ブルーベリージャム……適量

作り方

1 パンを焼いたらバターを薄く塗り、
ヨーグルトを塗り広げる。

2 ブルーベリージャムを重ね塗る。

【太陽】

材料

食パン……1枚

バター……適量
スライスチーズ……1.5枚
スライストマト(小さめ)……3枚
塩……少々
マヨネーズ……適量
ドライイタリアンパセリ
(またはパセリやバジル)……適量

作り方

1 パンが8割ほど焼けたら、バターを薄く塗る。

2 スライスチーズとトマトを順にのせ、
塩を振りかける。
再度チーズが溶けるまで焼く。

3 マヨネーズを細く絞り、ドライイタリアン
パセリをふりかける。

【夕焼け】

材料

食パン……1枚

バター……適量
マーマレード……適量
ハチミツ……適量

作り方

1 パンを焼いたらバターを薄く塗り、
マーマレードを塗り広げる。

2 パンのフチに沿いハチミツをたらす。

【一番星】

材料

食パン……1枚

バター……適量

作り方

1 食パンに十字の切り込みを入れ、焼く。

2 バターを塗り、トースターに戻す。
30秒ほど余熱でバターを溶かす。

3 星型で抜いたバターを中心にのせる。

【真夜中】

材料

食パン……1枚

バター……適量
ゆであずき……適量

作り方

1 パンを焼いたらバターを薄く塗り、
ゆであずきをのせる。

2 中心に、常温でやわらかくした
バターをのせる。

【準備】
・オーブントースターは
3分ほど予熱を入れる
・軽く霧吹きで水を吹き、
パンの山なりになって
いる上部を手前にして、
トースターへ入れる

【朝焼けのトースト】

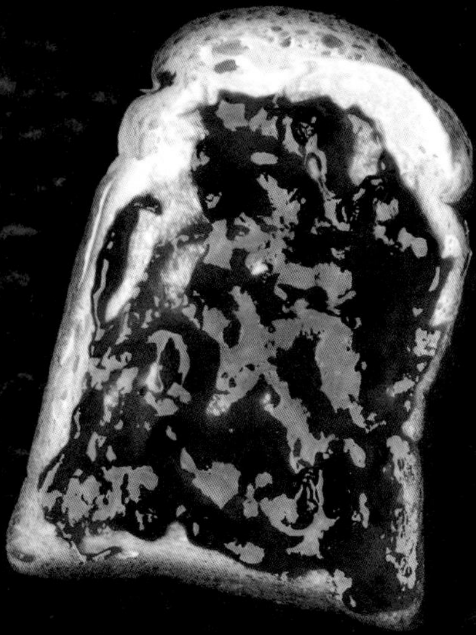

【太陽のトースト】

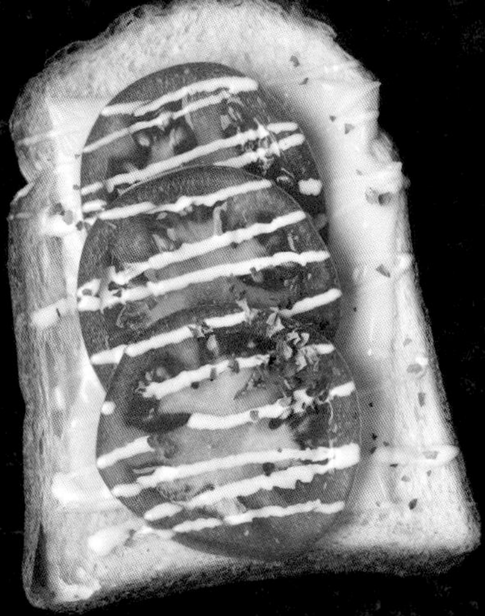

【夕焼けのトースト】

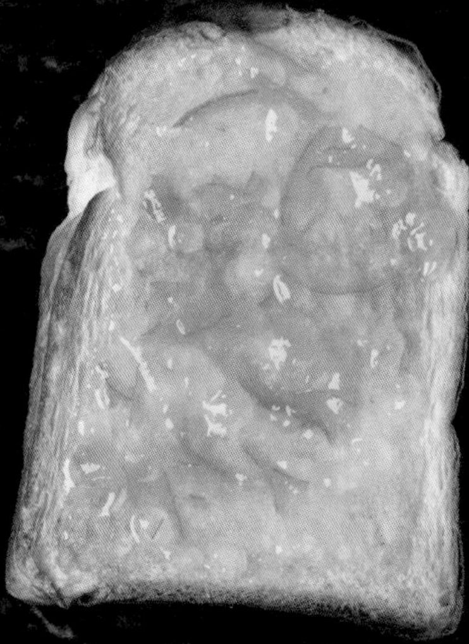

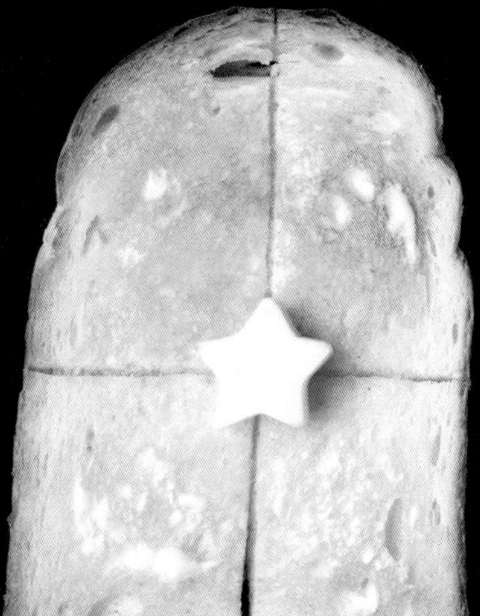

【一番星のトースト】

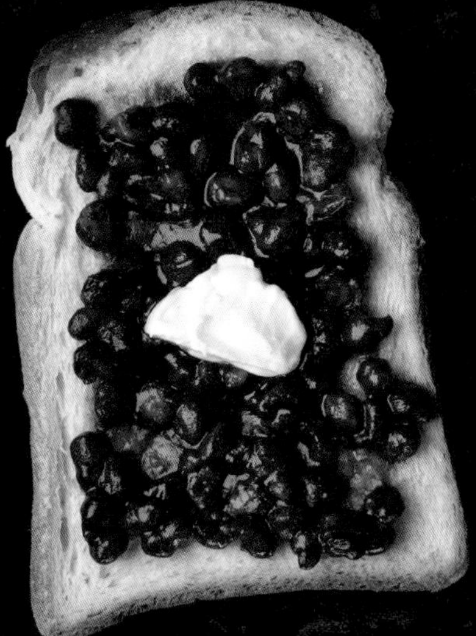

【真夜中のトースト】

こんがり焼けた食パンを、
さまざまな味つけで食べる。
自分好みの空の味を探してみては？

ねこ座のオムライス
当店のシークレットメニューの
ふんわり卵と満月バターが香るオムライスです。
満月と星空が広がる夜空のデミグラスソースを
たっぷりかけてお楽しみください。
ねこ座のオムライス……………900円
満月珈琲店

それにしても……
ねこ座なんて
ありましたっけ？

材料

【チキンライス】（2人分）

とり肉（こまぎれ）……70g
玉ネギ……1/6個

【A】

ケチャップ……50g
コンソメ（顆粒）……小さじ1
ソース……小さじ1/2
すりおろしニンニク……小さじ1/4

米……1合
バター……10g
塩、こしょう……適量

【オムライス】

卵（Mサイズ）……5個

【B】

牛乳……大さじ1と小さじ2
マヨネーズ……小さじ2と1/2
塩……適量

【デミグラスソース】

（チキンライスを炊いているときに
仕込む）
（3～4人分）
市販デミグラスソース缶……100g
グレープジュース（100％果汁）……50mℓ
（濃いめのものがおすすめ）
トマトケチャップ……大さじ1
ソース……小さじ1/2
チョコレート……ひとかけ
バター……5g
クローブパウダー……ほんの少々
片栗粉……小さじ1/2
塩……小さじ1/2
こしょう……適量

【盛り付け】

黒オリーブ……1.5個
のり……1枚
ハム……適量
細いパスタ……1本
食用色素 茶（またはのり）……適量
グリーンピース（缶詰）……適量
にんじん（ゆでる）……適量
ブロッコリー（ゆでる）……適量
市販ポテトサラダ……適量
スライスチーズ……適量
生クリーム……適量

作り方

【チキンライス】

準備
・米はとぎ洗い、炊飯器の釜に移し
水（分量外150mℓ）を入れ60分おく

1 よく混ぜたAを米に入れ、混ぜ合わせる。

2 1合の釜の目盛に合わせて水を加え、炊飯器で炊く。

3 とり肉は2cmに切り、玉ネギは5mm角に切る。

4 フライパンを温め、植物油（分量外、適量）を敷き3を炒める。塩、こしょうを軽くふりかける。

5 2が炊けたらバターを入れ、しゃもじで混ぜ合わせる。4を加え混ぜ、塩、こしょうで味を整える。

【オムライス】

1 卵を溶きほぐし、Bを加え混ぜる。

2 フライパンを温め、植物油を
うすくひき（分量外、適量）1を流す。

3 弱火にして、ゴムベラで卵液をかき混ぜながら、
やや半熟状のスクランブルエッグを作る。

4 茶碗にラップを大きめに敷き3を入れ、
うすくスプーンでのばし敷き詰める。

5 4にチキンライスを詰め、ラップでおさえ整える。

6 皿にのせ、茶碗とラップを外す。

7 チキンライスで耳とえりを形づくり、
耳の上にスクランブルエッグを
スプーンでのせ広げる。全体にラップをかけ、
上から軽くおさえ形を整える。

【デミグラスソース】

1 片栗粉以外の材料を鍋に入れ、
中火にかけながら泡立て器でよく混ぜる。

2 フツフツしてきたら弱火にし、3分煮込む。

3 片栗粉に2を少し加え、よく混ぜたものを
2に戻し混ぜ合わせ、さらに2分煮込む。

4 塩、こしょうで味を整える。

【盛り付け】

イラストに合わせて材料を切る
　鼻、まゆげ：黒オリーブをたてにスライス
　耳、目：のりを切る
　ほお：ハムをだ円に切る。
　ひげ：細いパスタをトースターで色がつくまで焼く。
　口：食用色素 茶でつま楊枝で描く（またはのりを切る）

1 顔パーツを貼りつける（口は描き、ひげのパスタはさしこむ）。

2 温めたデミグラスソースをスプーンでかける。

3 グリーンピース、ゆでたにんじん（小さめ乱切り、半月）、
ゆでたブロッコリー、ディッシャーですくった
ポテトサラダ、星型で抜いたスライスチーズをのせる。

4 生クリームを細くたらし、粉チーズ、
ドライパセリ（ともに分量外）をふりかける。

ねこ座のオムライス

満月珈琲店

おや、もうこんな時間ですか。

当店はそろそろ閉店のお時間です。
今夜もご来店ありがとうございました。

私のレシピはまだまだございます。
続きはまたのご来店のときにでも
お話ししましょう。

満月珈琲店はいつでも
あなたをお待ちしておりますよ。

それでは。

満月珈琲店《まんげつコーヒーてん》のレシピ帖《ちょう》

2021年10月31日 第１刷発行
2022年10月10日 第８刷発行

作画協力	ひみつ
レシピ制作・スタイリング	菖本幸子
調理協力	前田直美
撮影	和田真典
撮影協力	UTSUWA
デザイン	工藤雄介
制作	坂口柚季野、日根野谷麻衣（フィグインク）
校正	東京出版サービスセンター
編集担当	中川通（主婦の友社）
編集デスク	志岐麻子（主婦の友社）

著　者　桜田千尋《さくらだちひろ》

発行者　平野健一

発行所　株式会社 主婦の友社
〒141-0021
東京都品川区上大崎3-1-1 目黒セントラルスクエア
電話 03-5280-7537（編集） 03-5280-7551（販売）

印刷所　大日本印刷株式会社

■本書の内容に関するお問い合わせ、また、印刷・製本など製造上の不良がございましたら、主婦の友社（電話03-5280-7537）にご連絡ください。
■主婦の友社が発行する書籍・ムックのご注文は、お近くの書店か主婦の友社コールセンター（電話0120-916-892）まで。

＊お問い合わせ受付時間　月～金（祝日を除く） 9:30 ～ 17:30
主婦の友社ホームページ　https://shufunotomo.co.jp/